Sudoku Book for Kids

SHEBA BLAKE PUBLISHING CORP.
BROOKLYN NY

Puzzle 1

6	1	8	3	9	5		2	
9	2	4	8	1	7	5	3	6
5		7	6	2		9		8
7	4	1	5	8	3	2	6	9
2	8	5		6	9	3	7	1
3	6		2	7	1	4	8	5
4	5	2	1		8	6	9	7
1		6	9	5	2			3
8	9	3	7	4	6	1	5	2

Puzzle 2

1	8	6	3	2	5	9		7
2	7	5			4	3	1	6
4	9	3	6	1	7		2	5
5	4	8	1	9	6	7	3	
6	3	9	7	4	2	5	8	1
7	2	1	5	3	8	4	6	
	1	2	8	5	3		7	4
8	6	4	2	7	9	1	5	3
3	5	7		6	1	2	9	8

Puzzle 3

5	4	9	2	1	8	3	6	7
2	8		4	6	7	9	5	1
	6	7	5	9	3	4	8	2
3	7	2	8	4	6	5	1	9
8	9	4	3		1		7	6
6	1	5		2	9	8	4	3
4	5		6	3	2	7	9	8
9	2	8	1	7	4		3	5
7	3	6	9			1	2	4

Puzzle 4

1	2	7		4	8	9	6	
8	3	5	7	6	9		2	4
9	4	6	2	1	3	5	8	7
2	6	4	8	5	7	3		1
3	9	8		2	4	6		
5	7	1	9	3	6	2	4	8
6		2	3	7	5	4	1	9
4	5	9	6		1	7	3	2
7	1	3	4	9	2	8	5	6

Puzzle 5

1			7	4	5	9	2	6
5	7	9	8	2	6	1		3
4	6	2	3	9		8	7	5
8		6	5	7	3			2
9		7	4	1	2	3	6	
2	3	4	6	8	9	7	5	1
6	2	8	9	3	7	5	1	4
7		1	2	5	8	6		9
3	9	5	1	6	4	2	8	7

Puzzle 6

4	3	2	9		7	1	8	6
6		5		4	1	7	9	2
1	7			6	2	3	5	4
7	6	8	4	1	9	2	3	
	4	3	6	8	5	9	1	7
9			7	2		6	4	8
5	9	7	2	3	4	8		1
3	1	6	5	7	8	4	2	9
8	2	4	1	9	6	5	7	3

Puzzle 7

6	3	7	8	5	1	2	9	
4	5		7	2	9	6	3	8
	2		3		4	1	5	
9	6	3	5	8	2		4	1
7	8	5	1	4	3	9	6	2
1	4	2	6	9	7	5		3
5	1	8			6	4	7	9
2	9	6	4	7	8	3	1	5
	7		9	1	5	8	2	6

Puzzle 8

1	2	8	3	7	9	6		4
7	6	9	8	5	4	2	1	3
3	5		2	1	6	9	7	8
	7	1	9	3		5	4	6
2	4	6	7	8	5		3	9
5	9	3	4	6		8	2	7
9	3	2	5	4	8	7		1
6	8					4	9	5
4	1	5	6		7	3	8	

Puzzle 9

1	4	8	5	3	9	6	7	2
5	2	6	7	8	1	3	4	9
7	9	3	6	2			8	1
9		7	4	5	8	2		6
8	5	2	3	6		1	9	4
	3	4	1	9	2	7	5	8
2	6	9	8	7		4		3
3	7	1	9	4	6	8	2	5
4	8	5	2	1	3	9	6	

Puzzle 10

9		6	2	3	7	8		5
1	3	7		5		9	2	
2	5	8	6	9	1	7	3	
7	9		8	1	3	6	4	2
8	6	3	5	4		1	9	7
4	2	1	7		9	5	8	3
3		2	9	7	6		5	8
5	7	9	3	8	4	2	6	1
6	8	4	1	2	5	3	7	

Puzzle 11

5	4	8	3		6	9		
7	2	9	1	4	8	5	3	6
3		1		9	2	7	8	4
6	8	5	9		3	4	2	7
4	7	2	8	6	5	3	9	1
	1		4		7	6	5	8
8	3	4	6	5		2	7	9
	9	7	2	3	4	8	6	5
2	5		7	8	9	1	4	3

Puzzle 12

3	6	5	4	7	8	9	2	1
2	1	8	3	6	9	7	5	4
4	9	7	1	5	2			
7	3	9	8	2		4	6	5
	4		9	3	6	2	8	7
6		2		4	5	1	9	3
8		6	2		4	3	7	9
1	2	3	5	9	7	8	4	6
9	7	4	6	8	3	5	1	2

Puzzle 13

2		8	1	9	5	3	6	7
5	9	1	7	3	6			
7		6	4	2	8		1	5
8	5	2	9	4	7	1	3	6
4	7	9	6	1	3	5	8	2
1	6	3	5	8	2	4	7	9
3		4	8	7		6	5	1
9	8	5	3	6	1	7	2	4
6	1	7	2	5	4		9	3

Puzzle 14

1	4	8	3	6	7		2	5
7	5	6	2	4	9	3	1	
2	3	9		5		7	6	4
8			9	2	4	5	7	
6		4	1	7	5	2	8	3
5	7	2		8	3	1	4	9
4	2	5	7	3	8	6	9	1
3	6	1	4	9	2	8	5	7
9	8	7	5	1		4	3	2

Puzzle 15

4	8		2	9	3			6
2	1	6	5	8	7	3	4	9
	9	5	1	4	6	8		2
8	3	2	7	6	4	9	1	5
6	7	1	8	5	9	4	2	3
	5	4	3	2	1		8	7
7	6	3	4	1	5		9	8
1	2	9	6	7		5	3	4
5	4	8	9				6	1

Puzzle 16

8	7	6	9	5	3	4	1	2
3	5	1	4	6	2	8	7	9
9	4					3	5	6
4	9	7		8	1	6	2	3
2	6	5	7		9	1	4	8
1			2	4	6	7	9	5
7	3	9	6	2	4	5	8	1
5		4		9	8	2	6	
6		8	1	7	5	9	3	4

Puzzle 17

9	5	8	2	7	1	3		4
	6	4	8	5	3	9	1	
7	3	1	9	4	6	2		8
5	9	3	1	2	4	8	7	6
1	8	7	3	6	5	4	9	2
6	4	2		8	9	5	3	
3	7		4	9	2		8	5
8	2	9	5	1	7	6	4	
4	1	5	6	3	8	7		

Puzzle 18

	7	1	8	4	9	5	6	3
3	4	5	7	1	6	2		
8	9		3	5	2	4	7	1
9		3	1	6	5	8	4	7
	5	7	2		4	1	3	9
4	1	8	9		3	6	5	2
	6	9	5	2	8	3	1	4
1	8	4	6	3	7	9	2	5
5	3	2		9	1	7		6

Puzzle 19

	1	5	3	8	9	6	4	7
3			2	5		9	8	1
4	8	9	7		1	3	2	5
5	9	1		7	2	4	3	6
8	3	4	1		6	7	5	
6	7	2	4	3	5	8	1	9
9	2		6	1	3	5	7	4
1	5	3	9		7	2	6	8
7		6	5	2	8	1	9	

Puzzle 20

9	1		4		5	3	6	2
2	3	4		7	6	8	1	5
6	5	8	3	2	1		7	4
3	9	5	1	4	2	7	8	
1	4		8	6	7	5		9
7	8		5	9	3	4	2	1
8	7	9		1	4	6	5	3
5	6			3	9	2	4	
	2	3	6	5	8	1	9	7

Puzzle 21

3	6	9	5	1		8	4	7
	2	4	9	7	3	1	6	5
1	5	7	4	8	6		2	9
6	7	3	8	5	1	4	9	2
	1	5	6	2	4	7	3	8
4		2	3	9	7	5	1	6
5	3	8	1	6	9	2		4
2	4	6	7	3	5			1
7	9		2	4	8	6	5	3

Puzzle 22

			3	6	1	2	9	5
3	6		2	5	9		7	8
5	9	2	4	8	7	1	6	3
7	8	4	9	2	3	6	5	1
9	1	3	6		5	8	2	
6			1	4	8	7	3	
1	7	6	5	9	4		8	2
4	5	8	7	3	2	9	1	6
2	3		8	1		5	4	7

Puzzle 23

9	2	4	1	8	5	7	6	3
	3	5	4	9	6	2	1	8
1	8	6	2	7	3		9	4
3	6		5		7	9	8	1
5	4			1	9	3	2	6
8	9	1	3	6	2	4	5	7
6	1	3	9	2		8	7	5
4	7		6	5	8	1	3	2
2	5			3		6	4	9

Puzzle 24

2	1	6	9	4			3	7
7	5	9	6	2	3	8	4	1
4	8	3	5	1	7	2	6	9
6	3	1	7	9	2	4	8	5
9	4	5	8	6		3	7	2
8		7	4	3	5	9		6
	6	4	3		9	7	2	8
	9	8	2		6	1	5	4
5	7		1	8	4	6	9	3

Puzzle 25

5	9	8	1	7	2	4	6	3
6	4	2	5	3	8	7	1	9
1	7	3	9	6	4	2	5	8
7	2	4	6	8	3	5	9	1
	6	5	4	9	1		7	
8	1		2		7	6	3	4
9	5	1	8	2	6	3	4	7
4		7	3	1		9	2	6
2		6	7	4	9	1		

Puzzle 26

3	4	5	1	9		8	2	
1		6	8	3	7	9	5	4
9	7	8	5	4		6	1	3
2	5			1			7	8
	3	1	2	8	4		9	6
8	6	9	3	7	5	2	4	1
4	1	3	9	2	8	7	6	5
6	8	2	7	5	1	4	3	9
5	9	7	4	6		1		2

Puzzle 27

8	1	2	6		5	4	9	7
6	7	9	1	4	8	3	5	2
4	5	3	9	2		1	6	8
3		1	4	5	2	8	7	
2	9	4	8	7	6	5	3	1
	8	7	3	1	9	2	4	6
9	2	6	5	8	4		1	3
7	3		2	6	1	9	8	4
1	4	8			3	6	2	5

Puzzle 28

7	8	9	2		1		4	3
5	2	4	3	8	6	7	1	9
3	1	6	4	9		2	8	5
1	9	5	6	7	4	3	2	8
6	3	7	9	2	8		5	4
	4	8	1		5	9	6	
	5	2	8	1	3	4		6
	6	1		4	9	5	3	2
4	7	3	5	6	2	8	9	

Puzzle 29

4	7	6		8	2	1	5	3
9			5	3	4	2	6	
3	5	2	6	1	7	9	4	8
5	4	3	1		6	8	9	2
1	6		2		8	7	3	4
2	8	7	3	4		6	1	
8	3	5	7	6	1	4	2	9
	9	1		2		3	8	6
6	2	4	8		3	5	7	1

Puzzle 30

4	2	3	6	7	5	1	9	8
9	8	7	3	2	1	6	5	4
5	1	6	8	4	9	2	7	
		1	2	5	7	4	8	9
8		5	1	9	3		6	2
2	7		4		6	5	3	
7	6	8		1	4	3	2	5
		4	5	6	2	8	1	7
1	5	2	7	3		9		6

Puzzle 31

2	9	4	7	1	3		6	5
8	5	1	2	9	6	4	7	3
6	7		5	8	4	1	2	9
4	2	6	3		9	5	1	8
	8	7	4	5	2	3	9	6
9	3	5		6	8	2	4	
7		2	6	3	5	9	8	1
	6	9	8	2	1		5	4
5	1	8	9	4	7	6	3	2

Puzzle 32

9	7	1	2	6	5	3	8	4
6	3	2	8	9	4	5	1	
4	8	5	1		3		2	9
3	1	8	4	2	9	7	5	6
2		9	3	5	7	1		8
5	4	7		1	8	9	3	2
7		3	5	4	2	8	6	1
8	2	6		3	1	4	7	5
1	5		7	8	6	2	9	3

Puzzle 33

3	7	5		6	9	2	4	1
8	4	2	7	1	5	9		6
6	1	9	4	2		8	5	7
5	8	1	9	7		3	6	2
9	3	4		5	6	7		8
7	2	6	1	3		5	9	4
2		8	3	9	1	4	7	5
1	9		5	4	2	6		3
	5	3	6	8	7	1	2	9

Puzzle 34

3	6	7	4		8	2	1	9
4	9	2	1	6	7	3	8	5
8	1	5	2		3			4
9	8	1	7	3	2	5	4	6
2	5	3	8	4	6	7	9	1
7	4	6	5	1	9	8	3	
6		4	9	8		1	2	3
1		8	6	2	4	9		7
5	2	9	3	7	1		6	8

Puzzle 35

	1	8	2	6	9	3	5	7
9	6	5	8	7	3	4	2	1
	3	7	5		1	6	9	8
3	4	1	9	8	5	7	6	2
7	2	9	1	3	6	5	8	4
5	8	6	4	2	7	9	1	3
6	9	3			2	8	4	5
	5		3	9		2	7	6
8	7				4	1	3	9

Puzzle 36

6	8	5	1		2	4	7	9
9	3	2	8	4	7	6	5	1
4	1	7	6		9	8	3	2
2		6	9	7	1	3	8	4
3	7	9	2	8	4	1	6	
1	4		5	6	3	9		7
	2		3	9	6		4	8
8	6	4	7	1	5	2	9	3
7	9	3	4	2	8	5	1	6

Puzzle 37

1	8	5		6	9		2	4
4	3	9	5	2	7	8	1	6
6	2	7	4	8		5	3	9
	6	4	9	3	5	1	7	2
7	9	2	8	1	4	6	5	3
3	5	1		7	6	4		8
2	4	3	7	5	8	9		1
5		8	6	9		3	4	7
9	7	6	1	4	3	2	8	5

Puzzle 38

9	4	8	1	7	6	3	5	2
1		7	8	5		9	6	4
6	3	5	4	2	9	8	1	7
7	6	3	5	8	4	1	2	
4	1	2	3	9	7	6	8	
	8	9	2	6		4	7	3
2	9	1	7	4		5	3	6
8		4	6		5	2	9	1
3	5	6		1	2		4	8

Puzzle 39

9			6	5	3	2	8	4
8	2	3	9	4		6	5	7
4	5	6		2	8	1	3	9
3		2	4	8	7	5	9	1
1	4	9	2	3	5	8	7	6
7	8	5	1		9	4	2	3
5	3		8	1	4	9		2
6	1	8	3	9	2		4	5
2	9	4	5	7	6	3	1	8

Puzzle 40

2	7	3	6	5	4	1	8	9
6	5	4	9	1	8	2	3	7
	1	9	2	7	3	6	4	
5	8	6	7	2		3	9	4
7	9	2	4	3	5		1	6
	3	1	8	9	6	7	5	2
3		8	5	4	2			
9	2		1	8	7	4	6	3
1	4	7	3	6		5	2	8

Puzzle 41

3	5		9	7	1	6	8	2
6	1	8	3	2	5		4	9
9	2	7	4			5	3	1
4	3	5	6	1	9		2	7
2	7	6	8		3	1	9	4
8	9	1	2	4	7		5	6
1	4	3	5	6	2	9	7	
7		9	1	3	4	2	6	5
5	6	2	7	9	8	4	1	3

Puzzle 42

8		2	6	9	5	4	7	1
5	6	1	4	7	2	9	8	3
4	9	7	1	3	8	5	6	
3	2	5	7	1	6	8	4	9
1	4	6	9			7		5
9	7	8	2	5	4	3	1	6
6	5		8	4	1		3	7
	1	4	3	2	9		5	
2	8	3	5	6	7	1	9	

Puzzle 43

5	2	9	1	7	6		4	8
8	4	1	3	5		6	2	7
7	3	6		8	2		5	9
3		2	8	6	4	9	1	
6	5		9	1	7	2	8	3
1	9		5	2	3		6	4
4	8		6	9	1	5	3	2
9	1	5	2	3	8	4	7	6
2	6	3	7	4	5		9	1

Puzzle 44

3		9	5	4	6	1	7	2
	1		3		2	5	6	9
	5	6	9	1	7	4	8	
	3	1	2	6	4	8	9	5
9	2	4	7	5	8		1	6
8	6	5	1	3	9	2	4	7
5		3	8	7	1	6	2	4
	4	2			3	7	5	8
6	7	8	4		5	9	3	1

Puzzle 45

6			9	2	8	4	3	5
9	5	2	3		4	1	6	8
	8	3	1		5	9	2	7
5	2	9	6	8	1	3	7	4
3		1	7	4	2	5	8	9
8	7		5	3			1	2
2		6	8	9	3	7	5	1
1	3	8	4		7	2	9	6
7	9	5	2	1	6	8		3

Puzzle 46

2	3			7	1		8	6
6	5	8	3	2	9	4	7	1
1	7	4	8	6	5	9		3
	1	6	2	8	4	3	5	
3	2	5	9	1	7	8		4
8	4	7	5	3		1	9	2
4		3	6	5	2		1	8
7	8	2	1	9			4	5
	6	1	7	4	8	2	3	9

Puzzle 47

6	7	4	5	2	9	8	3	1
9		5	3	7	8		4	2
3	8	2	6	1	4	9	5	7
5	9	7	4	8	2	3		6
2	6	8	9	3	1	5	7	
4	3	1	7	5	6		9	
1	4			9	5	7	8	
7	2	9	8	4	3	1	6	5
8	5	3	1	6	7	4	2	9

Puzzle 48

6	9	5	4	2	7	3	1	8
4	7	3	9	8	1	2	5	6
	2		3	5		4	7	
1	6	2	7		4	5	8	3
9	3	7	5	1	8	6	2	4
5	4		2	6		7		1
7	5	6	8	4		1	3	2
2	1	9	6	3	5	8	4	7
3	8	4	1	7	2		6	

Puzzle 49

3	9	6	4	8	5		7	1
1	7	5	6	9	2	4	8	
8		4	7	3	1	6	9	
	4	9	5	6	3	8	1	2
6		8	1	2	4	7	5	9
5	1	2	9	7	8	3	6	4
		7	2		9	1	3	8
2	5		8	1	7			6
	8	1	3	4	6	5	2	7

Puzzle 50

	5		1	8	7	4	3	2
3	2	7	4	9	6	1	8	5
4		8	2	5			6	7
6	3	2	5	7	1	8	4	9
5	9	1	6	4	8	7	2	3
7	8		9	3	2	6	5	1
2	6	9	3	1	4	5		8
1	7	3		6	5	2		4
8	4	5	7	2		3		6

Puzzle 51

1		3	2	4	7	5		8
			9	1	6	7		3
7	4	9	8			1		2
8	5	1		2	4	9	7	6
9		4	7	6	1		8	5
6	2	7		8	9		3	1
2	1		4	9	8		5	7
4	7		6	3		8	1	9
	9	8	1		5		2	4

Puzzle 52

3		8	4			2	9	6
	4	2	6	1	8	3		7
		6	9	2	3	8	4	1
5	2	3	7		9	1	6	4
1	8	4	5	6	2			
6	7		1	3	4	5	8	2
			3	4			7	8
8	3	7	2		6		1	
4	6	5		7	1		2	3

Puzzle 53

		7		5	3	8		1
1	3	8	9			5	7	6
5	6	4	8		1		3	9
6	8	2	1	3		7	9	
4	5		7	6		3	2	8
	7	9	2	4	8	1	6	5
9	2	3	5	8	6			7
	1	5		9	2	6		
8		6	3	1	7	9		2

Puzzle 54

	2		3	1	6	4	7	9
1		7	8	5	9	3	2	6
	9	3			4	8	1	5
				8	2	5	9	
8		6	7	9	3	2	4	1
2	3	9		4	1	7	6	8
7	1	4	9	3	8	6		2
3	6		1	2		9	8	4
9	8		4	6	5	1		

Puzzle 55

7	5	2	9		4	1	6	3
		6	7	5		2	9	8
3	8	9		6	1		5	
9	2	1	4		8		7	5
8	4		5	7		9	2	1
	6		1	2	9			
6	7	8	3	1	2	5	4	
2	3		8	9	5	7	1	6
	9	5	6	4	7		8	2

Puzzle 56

4		5	1	2	3			7
2	9		5	6	7	1	4	
7	3	1		9	4	6		
5	4	2	9	8	1	3	7	6
	1			5		6	2	8
8		6	4				1	
1	5	9	6	7	8	4	3	2
			2	4	5	9	6	
6	2	4	3		9	7	5	8

Puzzle 57

8	7	4	2		1	5	6	
	1	6	7		5			
5		9	4	6	3	8	7	1
9	8	2		4	6	1	3	7
1			3	7	8	4		2
4	3		1	2	9	6		
	5	8		3	4	2		6
2	9		6	5		3		8
	4	3	8	1	2		5	9

Puzzle 58

8		7		5	4	6	9	3
5	3		1	7	9	2		
4	2		8		6	5	1	7
	8	3		6		4		9
6	4	5	9	2			3	1
	7	1	5	4				2
3	6	2	4	1	5	9	7	
	9	4		8	7	3		5
7	5	8	3		2	1	4	6

Puzzle 59

	7	1	6	5	8	2	4	
5		9	3	1			8	
		4	7	2	9	1	5	3
		5	9		3		7	4
9	3		8	4		5	6	1
4	6	8	1	7	5	3	9	2
1			2	8	7	9	3	5
7		2	5			4	1	8
	5	3		9	1	7		

Puzzle 60

6			9		4	2		1
	8	4	3	2	1	9	6	7
1	2		5	7	6	8	4	3
4	1	8		6		3	9	
9	6	2	4	3	5		1	8
3		5		9	8	6	2	4
	9		6		3	4		2
2		6		1	7	5	3	9
8	5	3		4	9	1	7	6

Puzzle 61

5		3	4	8		1	6	
7	9	1	6	2	5	4		
	4	6	3	9	1	5	7	
2	3			6	8	9	4	7
	6	8	9	7		3	2	5
4	7	9			2	6	1	8
6	5			1		7	3	4
3			7	5		2	9	
9	1	7		4	3	8		

Puzzle 62

9		5	2			1	8	
	1	6	3	9	5	7	4	
7	2	3		1		6	9	
	7	2	6	3			1	8
6	3	8	1		2	9	7	4
	9	1	4	7	8		2	
3	5	4		2	1	8	6	9
2	6		9				5	1
	8	9	5		6	2	3	7

Puzzle 63

8						2	6	4
2	4	5	3	9	6	7		8
7	1	6	8		4	5	3	9
1		3			2			5
6	9		4	3		8	7	1
5	8	4	9	1	7		2	3
9	6		2	4	3	1	5	
3	5	7	1	6	9	4	8	2
	2	1	7	5		3	9	6

Puzzle 64

7		8	3	5		6	9	4
	1	9		6	4	3	8	2
	3	4					7	1
9	8	7	1	3	6	2		
2	5	3		4	8	7	1	6
	4	6	2	7	5	9	3	8
3	6		4	8	7		2	9
4	7	1	6		2		5	3
8	9	2		1	3	4	6	

Puzzle 65

7	2	3		5		6	1	9
1	8		2	6	9	4	7	3
4	6	9			7	8	2	5
	4	7		2			8	1
9	3	2		8	1		5	
5	1		7	9	4	2	3	6
8			9	4	3	5	6	
2	5		8		6	3	9	7
3		6	5				1	4	8

Puzzle 66

3		5	7	6		4	8	2
	4	8	3		5			9
9	7		4		2		5	3
		1	6	9	4	2	7	5
		7	1	5	8	3	9	6
5	6	9	2	7	3	8	1	
7		3		2	6	5		1
6	8	2	5			9		7
1		4	9	3		6	2	

Puzzle 67

9	6	2		5	1	8		
5	4	7	3	9	8		6	2
1	8	3	7	2		9		5
7	2	5	8	3	9	4	1	6
8								
4	3	9		1	2	7	5	8
3	9	4	2	6	7		8	1
6	7	8		4	5	3	2	
2	5	1		8		6		4

Puzzle 68

9	4		8	7	3	2	6	5
7	6	2	1		5		3	
8	5	3	6	4	2	1	9	7
		9	3		8	6		1
3	1		4	6	9	5	2	
5	8		7		1	3	4	
1	7		2		4		5	6
	3	5	9		7	4	1	2
2			5	1	6	7		

Puzzle 69

2	8	7	1		3	6		5
	3	9	7	8	6	4	2	
4	1		2		9	8		
6	5	8	3	7	4	9	1	
7	2	1	8	9		3	6	4
9	4	3	6	1	2		8	7
8	7	4	5	6		2	3	
	9	2	4				5	
	6	5	9			1	4	8

Puzzle 70

	7			4	6	8	9	2
4	9	8	3	2	7		1	6
2	6	5	8	9		7		4
	3	1	6	7		4		8
	2	6	1	8	4	3		7
8	4	7	2			9		1
6	8	4	9	5	2		7	3
3	5		7	1	8		4	
			4	6	3	2	8	5

Puzzle 71

	2	4	6		3	9	1	7
1		9	4			8	6	
3	8		7	9		2		4
2	6	7	9	1	5		3	8
	3	1		7		5	9	6
9	4	5		3		7	2	1
4	1	2	5	6	7	3	8	9
6	5	8		4	9		7	2
7	9	3		2	8		4	

Puzzle 72

4	8	6	5	1	3		7	
	1	7		8	2	5		6
3	2	5		6	7	4	8	1
	3		2	5	9	6	4	8
8	9				6		5	7
6	5		3	7		9	1	2
1			6	9	5	8	2	4
5	6		7		4		9	3
2	4		8	3	1	7		5

Puzzle 73

	1	2	8		7	4		
7		5		4	6	9	1	8
4	6	8	5			9	7		3
5	7	6	4	9		3	8	2
2		3	6	7	5	1		9
1	4		3		8	5	6	7
8	5		1	6	3		9	4
	2	1	9		4	6	7	
6	9	4	7	5	2	8	3	

Puzzle 74

	8	5	7	1		2	3	9	6
3		1	4		9		2	8
6	2	9		3	5	4	1	
8	3	2		4	7	1		5
9	1	7	2	5	6		3	4
	6	4	3	8	1	2		9
			6		3	7		
	9	3	5		8	6	4	1
7	5	6	1	2	4	9	8	3

Puzzle 75

		8		5	2	4	1	6
6		7	1	3		8		5
5	1	4			6	2	7	3
8	3	9	2	4	7		6	1
2	6	5	9		1	3	4	
	7	1	5	6	3	9		
	8	2	4	7		6	3	9
7	4	6	3		9	1	5	8
	5	3		1	8		2	4

Puzzle 76

3		8	5	6	4	1		2
	5			2	1	6	3	
1		2		3	7	5	8	4
	7	6	3	4	5	9	2	
4	1		6		2	8	5	7
5	2	9		7				6
2	8	5	7	1	9	4	6	
6	4	1	2	8	3	7	9	5
	3	7	4	5	6		1	8

Puzzle 77

9	5	8			2		6	1
2	6	3	9	1	4		8	
	7	1		5			9	3
	4	9		2		3	1	6
	1	2	4		3	8		7
3	8			7	1	9	2	4
5	2	6	3	4	9	1	7	8
8	9	4		6	7	5	3	2
		7	2		5			9

Puzzle 78

9	5	4		1	7	2	6	
6		3		9	2	5	8	7
8	7	2	6	3	5	4		
1	4	7	5	6	3	8		9
		5	9		1		7	
		8	2	7	4	6	1	
5	8	1	7	4	6			2
	2	9	3		8			6
4	3	6		2	9		5	8

Puzzle 79

1	6	8			7	3		9
			8	3		6	1	
	7	9	5	6	1	8	4	2
	1	3		5	6	2	7	
7	5	6	1	2	4	9	3	8
2	9			7		1	6	
9		1	4	8	5		2	6
4	8	7	6	1		5		3
6	2			9	3	4	8	1

Puzzle 80

6		7			5	8	2	9
8	2			1	9	5	6	3
5	3			6	8	4	1	
2	7	6	9		3	1		4
	5	8	6	7	4	3	9	2
	9		1	8	2	6		5
9	8			4	7		5	6
7	4	5	8		6	9	3	1
		2	5		1			8

Puzzle 81

	1	7		2		9	6	
9		2	6	3	7	1	5	4
		5	8	1	9		7	
2		6	5	7	3	8	9	1
8		1	9	4	6		2	7
		9		8	2	4	3	6
6	2	8		5	1	7	4	9
5	9		7	6	8	3		2
1		3	2	9	4	6	8	5

Puzzle 82

4		1	3		5	9		8
7	5	2	4	9	8		6	1
	3	9	7	1		2	4	
6		3		7	2	8	5	4
9	8			3	4	7		2
	4		5	8	1	6	9	3
3		4		5	9		8	6
5	9	8	1	6	3	4		7
1	2		8	4	7	5	3	9

Puzzle 83

	6	5	7		9	4	2	1
	9	8	4	1	2	5	3	6
1	4	2	5		3	7	8	9
		3	8	2			1	7
8			9	5	1	3	6	4
4	1	9			7		5	2
2	8		3			1	4	5
9	3	1	2	4	5		7	8
5	7			8	6	2		3

Puzzle 84

7	5	6	9	4	2	3		
8	1	9	7	5	3	2	4	
3	2		6	8	1			7
4	8	3	1	6	9	5	7	2
6		2	5	3	4		9	8
5	9	1	2			6	3	4
				1	6	7	2	3
1	3			2		8	6	9
2	6	8			7	4	1	5

Puzzle 85

	8	9	2		1	6	4	7
1	7	2		9	6	5		3
3	6	4	7	8	5			9
4	9			2		7	1	8
8		7	6	4	9	2		5
2		3		7	8	9	6	4
		8	3	5	7		9	1
7		1	9		4	8		
9	4		8	1		3	7	

Puzzle 86

9		5		7	1	3		8
2		7	5			1	9	6
1	8	3	6	9		5		7
6	2	8		4	5	7		1
	9	4		6	7	8		2
7			8	3	2	9		4
				5	6	2		3
5	3	6	7	2	8	4		9
4	7	2	3	1	9		8	5

Puzzle 87

3		9	6	5		2	7	8
8		2	9	3	7	1	5	
5	7	6	1	2	8	9	4	3
	6				2	8	9	5
2	8			9	5	6	3	7
	3	5	7		6	4	2	1
	5		2	7		3	1	
7	2		8		1	5	6	9
1	9			6	3	7	8	

Puzzle 88

8		7	4		5		2	
	1		6	3	2	7	5	
	5		7	9	8	1	6	4
6	2	9	8		3	4		1
1		3	9	2	7	5	8	6
7	8	5			6		3	2
4		6		7		8	9	5
	9			6	4	2	1	7
2		1	5		9	6	4	3

Puzzle 89

3	6	1	5	2	4	9		8
7	9	8	3		6		4	2
4	2		8	9	7	6	3	
5	7	2		8	1	3	6	
6	4	9	7	3	2		1	5
8		3	6	4	5	2		7
	3	7	4		8	1	2	6
		6	1	7				9
1	8	4	2	6		7		3

Puzzle 90

7	2	8	1		6	5	9	4
	4	9	8	2	7			3
3		1	5	4	9	2	8	7
1	5						7	9
6	3	4		9		1	5	2
8	9		2	1	5	3	4	6
2	7	5	4			9	6	1
			9		2	7	3	8
	8		6		1	4	2	

Puzzle 91

	4	6	9	7	5	2	8	1
5	7	2	4	1	8		6	9
	9	1	6	2	3		5	4
1	5	4	3	9	7	8	2	6
	6	9	8		2	1	4	3
		8			6		7	
6	2		5	3	1	4		8
9	1	5	2	8	4	6		
4			7	6	9	5	1	

Puzzle 92

4	1	6			8	9	5	7
5	9	7		6		8	3	2
8	3	2	5		7	6	4	
	6	1		7	9	5	8	4
9		8			5	1		3
7		5	8	1			9	6
6	5	4	9	3	2		1	8
		3	7		6			9
2		9	1	8	4	3	6	5

Puzzle 93

1		7	5	4	2	6	8	3
	8	3		6	7	1	4	
6		2	3		8	9	7	
4	6	9	2	5	1	8	3	
7	1		4				2	6
	3	5			6	4	1	9
3	5	4				7	6	8
	2	1	6	7		3	9	4
	7	6	8	3		2	5	

Puzzle 94

	1		5	8		4	7	9
5	6		1	4	7	2	8	3
		8	3	2	9	1	6	5
6	9	1		7		8		
7		4	2	3	8	9		6
3	8	2	6	9	1	7	5	4
9	3		8	1			2	
1	4				2	3	9	8
8	2	7	9	5	3	6	4	

Puzzle 95

8	6	4	3	7	9	1		5
1		5	2	6			3	8
3	2	9			1	8	4		6
4	9		7	5	1	3	6	2
7	5	2	9	3		8	1	4
	1	3	8		2	7		9
9	4	7	1	2	5	6	8	3
2		6				5	9	1
	8	1		9		2	4	

Puzzle 96

7			6	2	4	9		3
6		5		1	9	2	4	
2	9			8	5	6	7	1
	2	3	4	9	7		1	6
4	1	8	5	6	2	3	9	
9	6	7	1			4	2	5
8	4	6					3	9
	7	2	9	5	6	1		4
	5	9	8	4	3	7	6	2

Puzzle 97

6	2		4		3	1	7	8
5			8	6		2	3	9
	3		9			4	6	5
	5	6	2	3	4	8	9	7
4	8	2	6	9	7	3	5	1
	9	7		1	8	6		
2		5				9	8	3
	6	8	3	2	5	7	1	
7	4	3	1	8	9	5	2	6

Puzzle 98

1	7	3			8	4	5	6
9	5	4		7		8	2	3
8	2	6	5		3	9		1
	3	9	7	1	2		6	8
2	8				5		4	9
5	6	7	8	9	4	1	3	2
	9	2	4	8	7	3	1	5
				5	1	6	9	7
7	1		6		9	2	8	4

Puzzle 99

1	6		3	5		2	4	
	8	3	2	9	1	6		7
5	7				6	8	3	1	9
8	3	4		7		5	9	2
7	9	1	8	2			3	6
2	5	6		4		7	8	1
	2	8		3	9	1	7	
3	1		6	8	4	9		5
9	4	5			2	8	6	3

Puzzle 100

	6	3	4	8	5		1	
7	8	9	3	6	1	2	5	4
	4	1	7	2		3	6	8
4	5		9		7	6	8	1
3			1	4	6	5	9	2
9	1	6	8			4	3	
8			6	7			2	3
1			5		3	8		6
	3	4	2	1	8	9		5

Puzzle 1

6	1	8	3	9	5	7	2	4
9	2	4	8	1	7	5	3	6
5	3	7	6	2	4	9	1	8
7	4	1	5	8	3	2	6	9
2	8	5	4	6	9	3	7	1
3	6	9	2	7	1	4	8	5
4	5	2	1	3	8	6	9	7
1	7	6	9	5	2	8	4	3
8	9	3	7	4	6	1	5	2

Puzzle 2

1	8	6	3	2	5	9	4	7
2	7	5	9	8	4	3	1	6
4	9	3	6	1	7	8	2	5
5	4	8	1	9	6	7	3	2
6	3	9	7	4	2	5	8	1
7	2	1	5	3	8	4	6	9
9	1	2	8	5	3	6	7	4
8	6	4	2	7	9	1	5	3
3	5	7	4	6	1	2	9	8

Puzzle 3

5	4	9	2	1	8	3	6	7
2	8	3	4	6	7	9	5	1
1	6	7	5	9	3	4	8	2
3	7	2	8	4	6	5	1	9
8	9	4	3	5	1	2	7	6
6	1	5	7	2	9	8	4	3
4	5	1	6	3	2	7	9	8
9	2	8	1	7	4	6	3	5
7	3	6	9	8	5	1	2	4

Puzzle 4

1	2	7	5	4	8	9	6	3
8	3	5	7	6	9	1	2	4
9	4	6	2	1	3	5	8	7
2	6	4	8	5	7	3	9	1
3	9	8	1	2	4	6	7	5
5	7	1	9	3	6	2	4	8
6	8	2	3	7	5	4	1	9
4	5	9	6	8	1	7	3	2
7	1	3	4	9	2	8	5	6

Puzzle 5

1	8	3	7	4	5	9	2	6
5	7	9	8	2	6	1	4	3
4	6	2	3	9	1	8	7	5
8	1	6	5	7	3	4	9	2
9	5	7	4	1	2	3	6	8
2	3	4	6	8	9	7	5	1
6	2	8	9	3	7	5	1	4
7	4	1	2	5	8	6	3	9
3	9	5	1	6	4	2	8	7

Puzzle 6

4	3	2	9	5	7	1	8	6
6	8	5	3	4	1	7	9	2
1	7	9	8	6	2	3	5	4
7	6	8	4	1	9	2	3	5
2	4	3	6	8	5	9	1	7
9	5	1	7	2	3	6	4	8
5	9	7	2	3	4	8	6	1
3	1	6	5	7	8	4	2	9
8	2	4	1	9	6	5	7	3

Puzzle 7

6	3	7	8	5	1	2	9	4
4	5	1	7	2	9	6	3	8
8	2	9	3	6	4	1	5	7
9	6	3	5	8	2	7	4	1
7	8	5	1	4	3	9	6	2
1	4	2	6	9	7	5	8	3
5	1	8	2	3	6	4	7	9
2	9	6	4	7	8	3	1	5
3	7	4	9	1	5	8	2	6

Puzzle 8

1	2	8	3	7	9	6	5	4
7	6	9	8	5	4	2	1	3
3	5	4	2	1	6	9	7	8
8	7	1	9	3	2	5	4	6
2	4	6	7	8	5	1	3	9
5	9	3	4	6	1	8	2	7
9	3	2	5	4	8	7	6	1
6	8	7	1	2	3	4	9	5
4	1	5	6	9	7	3	8	2

Puzzle 9

1	4	8	5	3	9	6	7	2
5	2	6	7	8	1	3	4	9
7	9	3	6	2	4	5	8	1
9	1	7	4	5	8	2	3	6
8	5	2	3	6	7	1	9	4
6	3	4	1	9	2	7	5	8
2	6	9	8	7	5	4	1	3
3	7	1	9	4	6	8	2	5
4	8	5	2	1	3	9	6	7

Puzzle 10

9	4	6	2	3	7	8	1	5
1	3	7	4	5	8	9	2	6
2	5	8	6	9	1	7	3	4
7	9	5	8	1	3	6	4	2
8	6	3	5	4	2	1	9	7
4	2	1	7	6	9	5	8	3
3	1	2	9	7	6	4	5	8
5	7	9	3	8	4	2	6	1
6	8	4	1	2	5	3	7	9

Puzzle 11

5	4	8	3	7	6	9	1	2
7	2	9	1	4	8	5	3	6
3	6	1	5	9	2	7	8	4
6	8	5	9	1	3	4	2	7
4	7	2	8	6	5	3	9	1
9	1	3	4	2	7	6	5	8
8	3	4	6	5	1	2	7	9
1	9	7	2	3	4	8	6	5
2	5	6	7	8	9	1	4	3

Puzzle 12

3	6	5	4	7	8	9	2	1
2	1	8	3	6	9	7	5	4
4	9	7	1	5	2	6	3	8
7	3	9	8	2	1	4	6	5
5	4	1	9	3	6	2	8	7
6	8	2	7	4	5	1	9	3
8	5	6	2	1	4	3	7	9
1	2	3	5	9	7	8	4	6
9	7	4	6	8	3	5	1	2

Puzzle 13

2	4	8	1	9	5	3	6	7
5	9	1	7	3	6	2	4	8
7	3	6	4	2	8	9	1	5
8	5	2	9	4	7	1	3	6
4	7	9	6	1	3	5	8	2
1	6	3	5	8	2	4	7	9
3	2	4	8	7	9	6	5	1
9	8	5	3	6	1	7	2	4
6	1	7	2	5	4	8	9	3

Puzzle 14

1	4	8	3	6	7	9	2	5
7	5	6	2	4	9	3	1	8
2	3	9	8	5	1	7	6	4
8	1	3	9	2	4	5	7	6
6	9	4	1	7	5	2	8	3
5	7	2	6	8	3	1	4	9
4	2	5	7	3	8	6	9	1
3	6	1	4	9	2	8	5	7
9	8	7	5	1	6	4	3	2

Puzzle 15

4	8	7	2	9	3	1	5	6
2	1	6	5	8	7	3	4	9
3	9	5	1	4	6	8	7	2
8	3	2	7	6	4	9	1	5
6	7	1	8	5	9	4	2	3
9	5	4	3	2	1	6	8	7
7	6	3	4	1	5	2	9	8
1	2	9	6	7	8	5	3	4
5	4	8	9	3	2	7	6	1

Puzzle 16

8	7	6	9	5	3	4	1	2
3	5	1	4	6	2	8	7	9
9	4	2	8	1	7	3	5	6
4	9	7	5	8	1	6	2	3
2	6	5	7	3	9	1	4	8
1	8	3	2	4	6	7	9	5
7	3	9	6	2	4	5	8	1
5	1	4	3	9	8	2	6	7
6	2	8	1	7	5	9	3	4

Puzzle 17

9	5	8	2	7	1	3	6	4
2	6	4	8	5	3	9	1	7
7	3	1	9	4	6	2	5	8
5	9	3	1	2	4	8	7	6
1	8	7	3	6	5	4	9	2
6	4	2	7	8	9	5	3	1
3	7	6	4	9	2	1	8	5
8	2	9	5	1	7	6	4	3
4	1	5	6	3	8	7	2	9

Puzzle 18

2	7	1	8	4	9	5	6	3
3	4	5	7	1	6	2	9	8
8	9	6	3	5	2	4	7	1
9	2	3	1	6	5	8	4	7
6	5	7	2	8	4	1	3	9
4	1	8	9	7	3	6	5	2
7	6	9	5	2	8	3	1	4
1	8	4	6	3	7	9	2	5
5	3	2	4	9	1	7	8	6

Puzzle 19

2	1	5	3	8	9	6	4	7
3	6	7	2	5	4	9	8	1
4	8	9	7	6	1	3	2	5
5	9	1	8	7	2	4	3	6
8	3	4	1	9	6	7	5	2
6	7	2	4	3	5	8	1	9
9	2	8	6	1	3	5	7	4
1	5	3	9	4	7	2	6	8
7	4	6	5	2	8	1	9	3

Puzzle 20

9	1	7	4	8	5	3	6	2
2	3	4	9	7	6	8	1	5
6	5	8	3	2	1	9	7	4
3	9	5	1	4	2	7	8	6
1	4	2	8	6	7	5	3	9
7	8	6	5	9	3	4	2	1
8	7	9	2	1	4	6	5	3
5	6	1	7	3	9	2	4	8
4	2	3	6	5	8	1	9	7

Puzzle 21

3	6	9	5	1	2	8	4	7
8	2	4	9	7	3	1	6	5
1	5	7	4	8	6	3	2	9
6	7	3	8	5	1	4	9	2
9	1	5	6	2	4	7	3	8
4	8	2	3	9	7	5	1	6
5	3	8	1	6	9	2	7	4
2	4	6	7	3	5	9	8	1
7	9	1	2	4	8	6	5	3

Puzzle 22

8	4	7	3	6	1	2	9	5
3	6	1	2	5	9	4	7	8
5	9	2	4	8	7	1	6	3
7	8	4	9	2	3	6	5	1
9	1	3	6	7	5	8	2	4
6	2	5	1	4	8	7	3	9
1	7	6	5	9	4	3	8	2
4	5	8	7	3	2	9	1	6
2	3	9	8	1	6	5	4	7

Puzzle 23

9	2	4	1	8	5	7	6	3
7	3	5	4	9	6	2	1	8
1	8	6	2	7	3	5	9	4
3	6	2	5	4	7	9	8	1
5	4	7	8	1	9	3	2	6
8	9	1	3	6	2	4	5	7
6	1	3	9	2	4	8	7	5
4	7	9	6	5	8	1	3	2
2	5	8	7	3	1	6	4	9

Puzzle 24

2	1	6	9	4	8	5	3	7
7	5	9	6	2	3	8	4	1
4	8	3	5	1	7	2	6	9
6	3	1	7	9	2	4	8	5
9	4	5	8	6	1	3	7	2
8	2	7	4	3	5	9	1	6
1	6	4	3	5	9	7	2	8
3	9	8	2	7	6	1	5	4
5	7	2	1	8	4	6	9	3

Puzzle 25

5	9	8	1	7	2	4	6	3
6	4	2	5	3	8	7	1	9
1	7	3	9	6	4	2	5	8
7	2	4	6	8	3	5	9	1
3	6	5	4	9	1	8	7	2
8	1	9	2	5	7	6	3	4
9	5	1	8	2	6	3	4	7
4	8	7	3	1	5	9	2	6
2	3	6	7	4	9	1	8	5

Puzzle 26

3	4	5	1	9	6	8	2	7
1	2	6	8	3	7	9	5	4
9	7	8	5	4	2	6	1	3
2	5	4	6	1	9	3	7	8
7	3	1	2	8	4	5	9	6
8	6	9	3	7	5	2	4	1
4	1	3	9	2	8	7	6	5
6	8	2	7	5	1	4	3	9
5	9	7	4	6	3	1	8	2

Puzzle 27

8	1	2	6	3	5	4	9	7
6	7	9	1	4	8	3	5	2
4	5	3	9	2	7	1	6	8
3	6	1	4	5	2	8	7	9
2	9	4	8	7	6	5	3	1
5	8	7	3	1	9	2	4	6
9	2	6	5	8	4	7	1	3
7	3	5	2	6	1	9	8	4
1	4	8	7	9	3	6	2	5

Puzzle 28

7	8	9	2	5	1	6	4	3
5	2	4	3	8	6	7	1	9
3	1	6	4	9	7	2	8	5
1	9	5	6	7	4	3	2	8
6	3	7	9	2	8	1	5	4
2	4	8	1	3	5	9	6	7
9	5	2	8	1	3	4	7	6
8	6	1	7	4	9	5	3	2
4	7	3	5	6	2	8	9	1

Puzzle 29

4	7	6	9	8	2	1	5	3
9	1	8	5	3	4	2	6	7
3	5	2	6	1	7	9	4	8
5	4	3	1	7	6	8	9	2
1	6	9	2	5	8	7	3	4
2	8	7	3	4	9	6	1	5
8	3	5	7	6	1	4	2	9
7	9	1	4	2	5	3	8	6
6	2	4	8	9	3	5	7	1

Puzzle 30

4	2	3	6	7	5	1	9	8
9	8	7	3	2	1	6	5	4
5	1	6	8	4	9	2	7	3
6	3	1	2	5	7	4	8	9
8	4	5	1	9	3	7	6	2
2	7	9	4	8	6	5	3	1
7	6	8	9	1	4	3	2	5
3	9	4	5	6	2	8	1	7
1	5	2	7	3	8	9	4	6

Puzzle 31

2	9	4	7	1	3	8	6	5
8	5	1	2	9	6	4	7	3
6	7	3	5	8	4	1	2	9
4	2	6	3	7	9	5	1	8
1	8	7	4	5	2	3	9	6
9	3	5	1	6	8	2	4	7
7	4	2	6	3	5	9	8	1
3	6	9	8	2	1	7	5	4
5	1	8	9	4	7	6	3	2

Puzzle 32

9	7	1	2	6	5	3	8	4
6	3	2	8	9	4	5	1	7
4	8	5	1	7	3	6	2	9
3	1	8	4	2	9	7	5	6
2	6	9	3	5	7	1	4	8
5	4	7	6	1	8	9	3	2
7	9	3	5	4	2	8	6	1
8	2	6	9	3	1	4	7	5
1	5	4	7	8	6	2	9	3

Puzzle 33

3	7	5	8	6	9	2	4	1
8	4	2	7	1	5	9	3	6
6	1	9	4	2	3	8	5	7
5	8	1	9	7	4	3	6	2
9	3	4	2	5	6	7	1	8
7	2	6	1	3	8	5	9	4
2	6	8	3	9	1	4	7	5
1	9	7	5	4	2	6	8	3
4	5	3	6	8	7	1	2	9

Puzzle 34

3	6	7	4	5	8	2	1	9
4	9	2	1	6	7	3	8	5
8	1	5	2	9	3	6	7	4
9	8	1	7	3	2	5	4	6
2	5	3	8	4	6	7	9	1
7	4	6	5	1	9	8	3	2
6	7	4	9	8	5	1	2	3
1	3	8	6	2	4	9	5	7
5	2	9	3	7	1	4	6	8

Puzzle 35

4	1	8	2	6	9	3	5	7
9	6	5	8	7	3	4	2	1
2	3	7	5	4	1	6	9	8
3	4	1	9	8	5	7	6	2
7	2	9	1	3	6	5	8	4
5	8	6	4	2	7	9	1	3
6	9	3	7	1	2	8	4	5
1	5	4	3	9	8	2	7	6
8	7	2	6	5	4	1	3	9

Puzzle 36

6	8	5	1	3	2	4	7	9
9	3	2	8	4	7	6	5	1
4	1	7	6	5	9	8	3	2
2	5	6	9	7	1	3	8	4
3	7	9	2	8	4	1	6	5
1	4	8	5	6	3	9	2	7
5	2	1	3	9	6	7	4	8
8	6	4	7	1	5	2	9	3
7	9	3	4	2	8	5	1	6

Puzzle 37

1	8	5	3	6	9	7	2	4
4	3	9	5	2	7	8	1	6
6	2	7	4	8	1	5	3	9
8	6	4	9	3	5	1	7	2
7	9	2	8	1	4	6	5	3
3	5	1	2	7	6	4	9	8
2	4	3	7	5	8	9	6	1
5	1	8	6	9	2	3	4	7
9	7	6	1	4	3	2	8	5

Puzzle 38

9	4	8	1	7	6	3	5	2
1	2	7	8	5	3	9	6	4
6	3	5	4	2	9	8	1	7
7	6	3	5	8	4	1	2	9
4	1	2	3	9	7	6	8	5
5	8	9	2	6	1	4	7	3
2	9	1	7	4	8	5	3	6
8	7	4	6	3	5	2	9	1
3	5	6	9	1	2	7	4	8

Puzzle 39

9	7	1	6	5	3	2	8	4
8	2	3	9	4	1	6	5	7
4	5	6	7	2	8	1	3	9
3	6	2	4	8	7	5	9	1
1	4	9	2	3	5	8	7	6
7	8	5	1	6	9	4	2	3
5	3	7	8	1	4	9	6	2
6	1	8	3	9	2	7	4	5
2	9	4	5	7	6	3	1	8

Puzzle 40

2	7	3	6	5	4	1	8	9
6	5	4	9	1	8	2	3	7
8	1	9	2	7	3	6	4	5
5	8	6	7	2	1	3	9	4
7	9	2	4	3	5	8	1	6
4	3	1	8	9	6	7	5	2
3	6	8	5	4	2	9	7	1
9	2	5	1	8	7	4	6	3
1	4	7	3	6	9	5	2	8

Puzzle 41

3	5	4	9	7	1	6	8	2
6	1	8	3	2	5	7	4	9
9	2	7	4	8	6	5	3	1
4	3	5	6	1	9	8	2	7
2	7	6	8	5	3	1	9	4
8	9	1	2	4	7	3	5	6
1	4	3	5	6	2	9	7	8
7	8	9	1	3	4	2	6	5
5	6	2	7	9	8	4	1	3

Puzzle 42

8	3	2	6	9	5	4	7	1
5	6	1	4	7	2	9	8	3
4	9	7	1	3	8	5	6	2
3	2	5	7	1	6	8	4	9
1	4	6	9	8	3	7	2	5
9	7	8	2	5	4	3	1	6
6	5	9	8	4	1	2	3	7
7	1	4	3	2	9	6	5	8
2	8	3	5	6	7	1	9	4

Puzzle 43

5	2	9	1	7	6	3	4	8
8	4	1	3	5	9	6	2	7
7	3	6	4	8	2	1	5	9
3	7	2	8	6	4	9	1	5
6	5	4	9	1	7	2	8	3
1	9	8	5	2	3	7	6	4
4	8	7	6	9	1	5	3	2
9	1	5	2	3	8	4	7	6
2	6	3	7	4	5	8	9	1

Puzzle 44

3	8	9	5	4	6	1	7	2
4	1	7	3	8	2	5	6	9
2	5	6	9	1	7	4	8	3
7	3	1	2	6	4	8	9	5
9	2	4	7	5	8	3	1	6
8	6	5	1	3	9	2	4	7
5	9	3	8	7	1	6	2	4
1	4	2	6	9	3	7	5	8
6	7	8	4	2	5	9	3	1

Puzzle 45

6	1	7	9	2	8	4	3	5
9	5	2	3	7	4	1	6	8
4	8	3	1	6	5	9	2	7
5	2	9	6	8	1	3	7	4
3	6	1	7	4	2	5	8	9
8	7	4	5	3	9	6	1	2
2	4	6	8	9	3	7	5	1
1	3	8	4	5	7	2	9	6
7	9	5	2	1	6	8	4	3

Puzzle 46

2	3	9	4	7	1	5	8	6
6	5	8	3	2	9	4	7	1
1	7	4	8	6	5	9	2	3
9	1	6	2	8	4	3	5	7
3	2	5	9	1	7	8	6	4
8	4	7	5	3	6	1	9	2
4	9	3	6	5	2	7	1	8
7	8	2	1	9	3	6	4	5
5	6	1	7	4	8	2	3	9

Puzzle 47

6	7	4	5	2	9	8	3	1
9	1	5	3	7	8	6	4	2
3	8	2	6	1	4	9	5	7
5	9	7	4	8	2	3	1	6
2	6	8	9	3	1	5	7	4
4	3	1	7	5	6	2	9	8
1	4	6	2	9	5	7	8	3
7	2	9	8	4	3	1	6	5
8	5	3	1	6	7	4	2	9

Puzzle 48

6	9	5	4	2	7	3	1	8
4	7	3	9	8	1	2	5	6
8	2	1	3	5	6	4	7	9
1	6	2	7	9	4	5	8	3
9	3	7	5	1	8	6	2	4
5	4	8	2	6	3	7	9	1
7	5	6	8	4	9	1	3	2
2	1	9	6	3	5	8	4	7
3	8	4	1	7	2	9	6	5

Puzzle 49

3	9	6	4	8	5	2	7	1
1	7	5	6	9	2	4	8	3
8	2	4	7	3	1	6	9	5
7	4	9	5	6	3	8	1	2
6	3	8	1	2	4	7	5	9
5	1	2	9	7	8	3	6	4
4	6	7	2	5	9	1	3	8
2	5	3	8	1	7	9	4	6
9	8	1	3	4	6	5	2	7

Puzzle 50

9	5	6	1	8	7	4	3	2
3	2	7	4	9	6	1	8	5
4	1	8	2	5	3	9	6	7
6	3	2	5	7	1	8	4	9
5	9	1	6	4	8	7	2	3
7	8	4	9	3	2	6	5	1
2	6	9	3	1	4	5	7	8
1	7	3	8	6	5	2	9	4
8	4	5	7	2	9	3	1	6

Puzzle 51

1	6	3	2	4	7	5	9	8
5	8	2	9	1	6	7	4	3
7	4	9	8	5	3	1	6	2
8	5	1	3	2	4	9	7	6
9	3	4	7	6	1	2	8	5
6	2	7	5	8	9	4	3	1
2	1	6	4	9	8	3	5	7
4	7	5	6	3	2	8	1	9
3	9	8	1	7	5	6	2	4

Puzzle 52

3	1	8	4	5	7	2	9	6
9	4	2	6	1	8	3	5	7
7	5	6	9	2	3	8	4	1
5	2	3	7	8	9	1	6	4
1	8	4	5	6	2	7	3	9
6	7	9	1	3	4	5	8	2
2	9	1	3	4	5	6	7	8
8	3	7	2	9	6	4	1	5
4	6	5	8	7	1	9	2	3

Puzzle 53

2	9	7	6	5	3	8	4	1
1	3	8	9	2	4	5	7	6
5	6	4	8	7	1	2	3	9
6	8	2	1	3	5	7	9	4
4	5	1	7	6	9	3	2	8
3	7	9	2	4	8	1	6	5
9	2	3	5	8	6	4	1	7
7	1	5	4	9	2	6	8	3
8	4	6	3	1	7	9	5	2

Puzzle 54

5	2	8	3	1	6	4	7	9
1	4	7	8	5	9	3	2	6
6	9	3	2	7	4	8	1	5
4	7	1	6	8	2	5	9	3
8	5	6	7	9	3	2	4	1
2	3	9	5	4	1	7	6	8
7	1	4	9	3	8	6	5	2
3	6	5	1	2	7	9	8	4
9	8	2	4	6	5	1	3	7

Puzzle 55

7	5	2	9	8	4	1	6	3
4	1	6	7	5	3	2	9	8
3	8	9	2	6	1	4	5	7
9	2	1	4	3	8	6	7	5
8	4	3	5	7	6	9	2	1
5	6	7	1	2	9	8	3	4
6	7	8	3	1	2	5	4	9
2	3	4	8	9	5	7	1	6
1	9	5	6	4	7	3	8	2

Puzzle 56

4	6	5	1	2	3	8	9	7
2	9	8	5	6	7	1	4	3
7	3	1	8	9	4	6	2	5
5	4	2	9	8	1	3	7	6
9	1	3	7	5	6	2	8	4
8	7	6	4	3	2	5	1	9
1	5	9	6	7	8	4	3	2
3	8	7	2	4	5	9	6	1
6	2	4	3	1	9	7	5	8

Puzzle 57

8	7	4	2	9	1	5	6	3
3	1	6	7	8	5	9	2	4
5	2	9	4	6	3	8	7	1
9	8	2	5	4	6	1	3	7
1	6	5	3	7	8	4	9	2
4	3	7	1	2	9	6	8	5
7	5	8	9	3	4	2	1	6
2	9	1	6	5	7	3	4	8
6	4	3	8	1	2	7	5	9

Puzzle 58

8	1	7	2	5	4	6	9	3
5	3	6	1	7	9	2	8	4
4	2	9	8	3	6	5	1	7
2	8	3	7	6	1	4	5	9
6	4	5	9	2	8	7	3	1
9	7	1	5	4	3	8	6	2
3	6	2	4	1	5	9	7	8
1	9	4	6	8	7	3	2	5
7	5	8	3	9	2	1	4	6

Puzzle 59

3	7	1	6	5	8	2	4	9
5	2	9	3	1	4	6	8	7
6	8	4	7	2	9	1	5	3
2	1	5	9	6	3	8	7	4
9	3	7	8	4	2	5	6	1
4	6	8	1	7	5	3	9	2
1	4	6	2	8	7	9	3	5
7	9	2	5	3	6	4	1	8
8	5	3	4	9	1	7	2	6

Puzzle 60

6	3	7	9	8	4	2	5	1
5	8	4	3	2	1	9	6	7
1	2	9	5	7	6	8	4	3
4	1	8	7	6	2	3	9	5
9	6	2	4	3	5	7	1	8
3	7	5	1	9	8	6	2	4
7	9	1	6	5	3	4	8	2
2	4	6	8	1	7	5	3	9
8	5	3	2	4	9	1	7	6

Puzzle 61

5	2	3	4	8	7	1	6	9
7	9	1	6	2	5	4	8	3
8	4	6	3	9	1	5	7	2
2	3	5	1	6	8	9	4	7
1	6	8	9	7	4	3	2	5
4	7	9	5	3	2	6	1	8
6	5	2	8	1	9	7	3	4
3	8	4	7	5	6	2	9	1
9	1	7	2	4	3	8	5	6

Puzzle 62

9	4	5	2	6	7	1	8	3
8	1	6	3	9	5	7	4	2
7	2	3	8	1	4	6	9	5
4	7	2	6	3	9	5	1	8
6	3	8	1	5	2	9	7	4
5	9	1	4	7	8	3	2	6
3	5	4	7	2	1	8	6	9
2	6	7	9	8	3	4	5	1
1	8	9	5	4	6	2	3	7

Puzzle 63

8	3	9	5	7	1	2	6	4
2	4	5	3	9	6	7	1	8
7	1	6	8	2	4	5	3	9
1	7	3	6	8	2	9	4	5
6	9	2	4	3	5	8	7	1
5	8	4	9	1	7	6	2	3
9	6	8	2	4	3	1	5	7
3	5	7	1	6	9	4	8	2
4	2	1	7	5	8	3	9	6

Puzzle 64

7	2	8	3	5	1	6	9	4
5	1	9	7	6	4	3	8	2
6	3	4	8	2	9	5	7	1
9	8	7	1	3	6	2	4	5
2	5	3	9	4	8	7	1	6
1	4	6	2	7	5	9	3	8
3	6	5	4	8	7	1	2	9
4	7	1	6	9	2	8	5	3
8	9	2	5	1	3	4	6	7

Puzzle 65

7	2	3	4	5	8	6	1	9
1	8	5	2	6	9	4	7	3
4	6	9	1	3	7	8	2	5
6	4	7	3	2	5	9	8	1
9	3	2	6	8	1	7	5	4
5	1	8	7	9	4	2	3	6
8	7	1	9	4	3	5	6	2
2	5	4	8	1	6	3	9	7
3	9	6	5	7	2	1	4	8

Puzzle 66

3	1	5	7	6	9	4	8	2
2	4	8	3	1	5	7	6	9
9	7	6	4	8	2	1	5	3
8	3	1	6	9	4	2	7	5
4	2	7	1	5	8	3	9	6
5	6	9	2	7	3	8	1	4
7	9	3	8	2	6	5	4	1
6	8	2	5	4	1	9	3	7
1	5	4	9	3	7	6	2	8

Puzzle 67

9	6	2	4	5	1	8	3	7
5	4	7	3	9	8	1	6	2
1	8	3	7	2	6	9	4	5
7	2	5	8	3	9	4	1	6
8	1	6	5	7	4	2	9	3
4	3	9	6	1	2	7	5	8
3	9	4	2	6	7	5	8	1
6	7	8	1	4	5	3	2	9
2	5	1	9	8	3	6	7	4

Puzzle 68

9	4	1	8	7	3	2	6	5
7	6	2	1	9	5	8	3	4
8	5	3	6	4	2	1	9	7
4	2	9	3	5	8	6	7	1
3	1	7	4	6	9	5	2	8
5	8	6	7	2	1	3	4	9
1	7	8	2	3	4	9	5	6
6	3	5	9	8	7	4	1	2
2	9	4	5	1	6	7	8	3

Puzzle 69

2	8	7	1	4	3	6	9	5
5	3	9	7	8	6	4	2	1
4	1	6	2	5	9	8	7	3
6	5	8	3	7	4	9	1	2
7	2	1	8	9	5	3	6	4
9	4	3	6	1	2	5	8	7
8	7	4	5	6	1	2	3	9
1	9	2	4	3	8	7	5	6
3	6	5	9	2	7	1	4	8

Puzzle 70

1	7	3	5	4	6	8	9	2
4	9	8	3	2	7	5	1	6
2	6	5	8	9	1	7	3	4
5	3	1	6	7	9	4	2	8
9	2	6	1	8	4	3	5	7
8	4	7	2	3	5	9	6	1
6	8	4	9	5	2	1	7	3
3	5	2	7	1	8	6	4	9
7	1	9	4	6	3	2	8	5

Puzzle 71

5	2	4	6	8	3	9	1	7
1	7	9	4	5	2	8	6	3
3	8	6	7	9	1	2	5	4
2	6	7	9	1	5	4	3	8
8	3	1	2	7	4	5	9	6
9	4	5	8	3	6	7	2	1
4	1	2	5	6	7	3	8	9
6	5	8	3	4	9	1	7	2
7	9	3	1	2	8	6	4	5

Puzzle 72

4	8	6	5	1	3	2	7	9
9	1	7	4	8	2	5	3	6
3	2	5	9	6	7	4	8	1
7	3	1	2	5	9	6	4	8
8	9	2	1	4	6	3	5	7
6	5	4	3	7	8	9	1	2
1	7	3	6	9	5	8	2	4
5	6	8	7	2	4	1	9	3
2	4	9	8	3	1	7	6	5

Puzzle 73

9	1	2	8	3	7	4	5	6
7	3	5	2	4	6	9	1	8
4	6	8	5	1	9	7	2	3
5	7	6	4	9	1	3	8	2
2	8	3	6	7	5	1	4	9
1	4	9	3	2	8	5	6	7
8	5	7	1	6	3	2	9	4
3	2	1	9	8	4	6	7	5
6	9	4	7	5	2	8	3	1

Puzzle 74

4	8	5	7	1	2	3	9	6
3	7	1	4	6	9	5	2	8
6	2	9	8	3	5	4	1	7
8	3	2	9	4	7	1	6	5
9	1	7	2	5	6	8	3	4
5	6	4	3	8	1	2	7	9
1	4	8	6	9	3	7	5	2
2	9	3	5	7	8	6	4	1
7	5	6	1	2	4	9	8	3

Puzzle 75

3	9	8	7	5	2	4	1	6
6	2	7	1	3	4	8	9	5
5	1	4	8	9	6	2	7	3
8	3	9	2	4	7	5	6	1
2	6	5	9	8	1	3	4	7
4	7	1	5	6	3	9	8	2
1	8	2	4	7	5	6	3	9
7	4	6	3	2	9	1	5	8
9	5	3	6	1	8	7	2	4

Puzzle 76

3	9	8	5	6	4	1	7	2
7	5	4	8	2	1	6	3	9
1	6	2	9	3	7	5	8	4
8	7	6	3	4	5	9	2	1
4	1	3	6	9	2	8	5	7
5	2	9	1	7	8	3	4	6
2	8	5	7	1	9	4	6	3
6	4	1	2	8	3	7	9	5
9	3	7	4	5	6	2	1	8

Puzzle 77

9	5	8	7	3	2	4	6	1
2	6	3	9	1	4	7	8	5
4	7	1	8	5	6	2	9	3
7	4	9	5	2	8	3	1	6
6	1	2	4	9	3	8	5	7
3	8	5	6	7	1	9	2	4
5	2	6	3	4	9	1	7	8
8	9	4	1	6	7	5	3	2
1	3	7	2	8	5	6	4	9

Puzzle 78

9	5	4	8	1	7	2	6	3
6	1	3	4	9	2	5	8	7
8	7	2	6	3	5	4	9	1
1	4	7	5	6	3	8	2	9
2	6	5	9	8	1	3	7	4
3	9	8	2	7	4	6	1	5
5	8	1	7	4	6	9	3	2
7	2	9	3	5	8	1	4	6
4	3	6	1	2	9	7	5	8

Puzzle 79

1	6	8	2	4	7	3	5	9
5	4	2	8	3	9	6	1	7
3	7	9	5	6	1	8	4	2
8	1	3	9	5	6	2	7	4
7	5	6	1	2	4	9	3	8
2	9	4	3	7	8	1	6	5
9	3	1	4	8	5	7	2	6
4	8	7	6	1	2	5	9	3
6	2	5	7	9	3	4	8	1

Puzzle 80

6	1	7	4	3	5	8	2	9
8	2	4	7	1	9	5	6	3
5	3	9	2	6	8	4	1	7
2	7	6	9	5	3	1	8	4
1	5	8	6	7	4	3	9	2
4	9	3	1	8	2	6	7	5
9	8	1	3	4	7	2	5	6
7	4	5	8	2	6	9	3	1
3	6	2	5	9	1	7	4	8

Puzzle 81

3	1	7	4	2	5	9	6	8
9	8	2	6	3	7	1	5	4
4	6	5	8	1	9	2	7	3
2	4	6	5	7	3	8	9	1
8	3	1	9	4	6	5	2	7
7	5	9	1	8	2	4	3	6
6	2	8	3	5	1	7	4	9
5	9	4	7	6	8	3	1	2
1	7	3	2	9	4	6	8	5

Puzzle 82

4	6	1	3	2	5	9	7	8
7	5	2	4	9	8	3	6	1
8	3	9	7	1	6	2	4	5
6	1	3	9	7	2	8	5	4
9	8	5	6	3	4	7	1	2
2	4	7	5	8	1	6	9	3
3	7	4	2	5	9	1	8	6
5	9	8	1	6	3	4	2	7
1	2	6	8	4	7	5	3	9

Puzzle 83

3	6	5	7	9	8	4	2	1
7	9	8	4	1	2	5	3	6
1	4	2	5	6	3	7	8	9
6	5	3	8	2	4	9	1	7
8	2	7	9	5	1	3	6	4
4	1	9	6	3	7	8	5	2
2	8	6	3	7	9	1	4	5
9	3	1	2	4	5	6	7	8
5	7	4	1	8	6	2	9	3

Puzzle 84

7	5	6	9	4	2	3	8	1
8	1	9	7	5	3	2	4	6
3	2	4	6	8	1	9	5	7
4	8	3	1	6	9	5	7	2
6	7	2	5	3	4	1	9	8
5	9	1	2	7	8	6	3	4
9	4	5	8	1	6	7	2	3
1	3	7	4	2	5	8	6	9
2	6	8	3	9	7	4	1	5

Puzzle 85

5	8	9	2	3	1	6	4	7
1	7	2	4	9	6	5	8	3
3	6	4	7	8	5	1	2	9
4	9	6	5	2	3	7	1	8
8	1	7	6	4	9	2	3	5
2	5	3	1	7	8	9	6	4
6	2	8	3	5	7	4	9	1
7	3	1	9	6	4	8	5	2
9	4	5	8	1	2	3	7	6

Puzzle 86

9	6	5	2	7	1	3	4	8
2	4	7	5	8	3	1	9	6
1	8	3	6	9	4	5	2	7
6	2	8	9	4	5	7	3	1
3	9	4	1	6	7	8	5	2
7	5	1	8	3	2	9	6	4
8	1	9	4	5	6	2	7	3
5	3	6	7	2	8	4	1	9
4	7	2	3	1	9	6	8	5

Puzzle 87

3	1	9	6	5	4	2	7	8
8	4	2	9	3	7	1	5	6
5	7	6	1	2	8	9	4	3
4	6	7	3	1	2	8	9	5
2	8	1	4	9	5	6	3	7
9	3	5	7	8	6	4	2	1
6	5	8	2	7	9	3	1	4
7	2	3	8	4	1	5	6	9
1	9	4	5	6	3	7	8	2

Puzzle 88

8	6	7	4	1	5	3	2	9
9	1	4	6	3	2	7	5	8
3	5	2	7	9	8	1	6	4
6	2	9	8	5	3	4	7	1
1	4	3	9	2	7	5	8	6
7	8	5	1	4	6	9	3	2
4	3	6	2	7	1	8	9	5
5	9	8	3	6	4	2	1	7
2	7	1	5	8	9	6	4	3

Puzzle 89

3	6	1	5	2	4	9	7	8
7	9	8	3	1	6	5	4	2
4	2	5	8	9	7	6	3	1
5	7	2	9	8	1	3	6	4
6	4	9	7	3	2	8	1	5
8	1	3	6	4	5	2	9	7
9	3	7	4	5	8	1	2	6
2	5	6	1	7	3	4	8	9
1	8	4	2	6	9	7	5	3

Puzzle 90

7	2	8	1	3	6	5	9	4
5	4	9	8	2	7	6	1	3
3	6	1	5	4	9	2	8	7
1	5	2	3	6	4	8	7	9
6	3	4	7	9	8	1	5	2
8	9	7	2	1	5	3	4	6
2	7	5	4	8	3	9	6	1
4	1	6	9	5	2	7	3	8
9	8	3	6	7	1	4	2	5

Puzzle 91

3	4	6	9	7	5	2	8	1
5	7	2	4	1	8	3	6	9
8	9	1	6	2	3	7	5	4
1	5	4	3	9	7	8	2	6
7	6	9	8	5	2	1	4	3
2	3	8	1	4	6	9	7	5
6	2	7	5	3	1	4	9	8
9	1	5	2	8	4	6	3	7
4	8	3	7	6	9	5	1	2

Puzzle 92

4	1	6	3	2	8	9	5	7
5	9	7	4	6	1	8	3	2
8	3	2	5	9	7	6	4	1
3	6	1	2	7	9	5	8	4
9	2	8	6	4	5	1	7	3
7	4	5	8	1	3	2	9	6
6	5	4	9	3	2	7	1	8
1	8	3	7	5	6	4	2	9
2	7	9	1	8	4	3	6	5

Puzzle 93

1	9	7	5	4	2	6	8	3
5	8	3	9	6	7	1	4	2
6	4	2	3	1	8	9	7	5
4	6	9	2	5	1	8	3	7
7	1	8	4	9	3	5	2	6
2	3	5	7	8	6	4	1	9
3	5	4	1	2	9	7	6	8
8	2	1	6	7	5	3	9	4
9	7	6	8	3	4	2	5	1

Puzzle 94

2	1	3	5	8	6	4	7	9
5	6	9	1	4	7	2	8	3
4	7	8	3	2	9	1	6	5
6	9	1	4	7	5	8	3	2
7	5	4	2	3	8	9	1	6
3	8	2	6	9	1	7	5	4
9	3	6	8	1	4	5	2	7
1	4	5	7	6	2	3	9	8
8	2	7	9	5	3	6	4	1

Puzzle 95

8	6	4	3	7	9	1	2	5
1	7	5	2	6	4	9	3	8
3	2	9	5	1	8	4	7	6
4	9	8	7	5	1	3	6	2
7	5	2	9	3	6	8	1	4
6	1	3	8	4	2	7	5	9
9	4	7	1	2	5	6	8	3
2	3	6	4	8	7	5	9	1
5	8	1	6	9	3	2	4	7

Puzzle 96

7	8	1	6	2	4	9	5	3
6	3	5	7	1	9	2	4	8
2	9	4	3	8	5	6	7	1
5	2	3	4	9	7	8	1	6
4	1	8	5	6	2	3	9	7
9	6	7	1	3	8	4	2	5
8	4	6	2	7	1	5	3	9
3	7	2	9	5	6	1	8	4
1	5	9	8	4	3	7	6	2

Puzzle 97

6	2	9	4	5	3	1	7	8
5	7	4	8	6	1	2	3	9
8	3	1	9	7	2	4	6	5
1	5	6	2	3	4	8	9	7
4	8	2	6	9	7	3	5	1
3	9	7	5	1	8	6	4	2
2	1	5	7	4	6	9	8	3
9	6	8	3	2	5	7	1	4
7	4	3	1	8	9	5	2	6

Puzzle 98

1	7	3	9	2	8	4	5	6
9	5	4	1	7	6	8	2	3
8	2	6	5	4	3	9	7	1
4	3	9	7	1	2	5	6	8
2	8	1	3	6	5	7	4	9
5	6	7	8	9	4	1	3	2
6	9	2	4	8	7	3	1	5
3	4	8	2	5	1	6	9	7
7	1	5	6	3	9	2	8	4

Puzzle 99

1	6	9	3	5	7	2	4	8
4	8	3	2	9	1	6	5	7
5	7	2	4	6	8	3	1	9
8	3	4	1	7	6	5	9	2
7	9	1	8	2	5	4	3	6
2	5	6	9	4	3	7	8	1
6	2	8	5	3	9	1	7	4
3	1	7	6	8	4	9	2	5
9	4	5	7	1	2	8	6	3

Puzzle 100

2	6	3	4	8	5	7	1	9
7	8	9	3	6	1	2	5	4
5	4	1	7	2	9	3	6	8
4	5	2	9	3	7	6	8	1
3	7	8	1	4	6	5	9	2
9	1	6	8	5	2	4	3	7
8	9	5	6	7	4	1	2	3
1	2	7	5	9	3	8	4	6
6	3	4	2	1	8	9	7	5

Lightning Source UK Ltd.
Milton Keynes UK
UKHW020937160620
364897UK00004B/197

9 781222 270914